BEI GRIN MACHT SICH IHR WISSEN BEZAHLT

AF130150

- Wir veröffentlichen Ihre Hausarbeit, Bachelor- und Masterarbeit

- Ihr eigenes eBook und Buch - weltweit in allen wichtigen Shops

- Verdienen Sie an jedem Verkauf

Jetzt bei www.GRIN.com hochladen und kostenlos publizieren

Bibliografische Information der Deutschen Nationalbibliothek:

Die Deutsche Bibliothek verzeichnet diese Publikation in der Deutschen National-
bibliografie; detaillierte bibliografische Daten sind im Internet über http://dnb.d-
nb.de/ abrufbar.

Impressum:

Copyright © 2017 GRIN Verlag
Druck und Bindung: Books on Demand GmbH, Norderstedt Germany
ISBN: 9783668775442

Daniel Donner

Der Placebo-Effekt und seine Auswirkungen auf die Gesundheit des Menschen

GRIN Verlag

Vorwissenschaftliche Arbeit

Der Placebo-Effekt und seine Auswirkungen auf die Gesundheit des Menschen

(2016/2017)

vorgelegt von

Daniel Donner

Abstract

Diese Arbeit befasst sich mit Placebos und dem dadurch entstehenden Placebo-Effekt. Placebos und deren Einsatzgebiete sind bereits durch Henry Beecher während des zweiten Weltkriegs bekannt geworden. Zu Recht werden sie als Alternative bzw. Ergänzung zur gängigen Schulmedizin betrachtet. Aufgrund ihres erfolgreichen Einsatzes folgen jährlich tausende Studien und Artikel, in denen die Wirkung von Placebos belegt und diskutiert werden. Diese Arbeit gibt einen Einblick in die Wirkweise von Placebos auf den Menschen, mit genauerem Bezug auf Neuronen und Gene, sowie persönliche Erwartungen und Gedanken. All diese Faktoren, die hier genauer beschrieben werden, stehen unmittelbar in Zusammenhang mit einer erfolgreichen Reaktion auf Placebos. Nichts desto trotz kann es durchaus auch zu unerwünschten Wirkungen kommen. Der Einsatz von Placebos erweist sich im klinischen Alltag als schwierig und umstritten, obwohl zahlreiche Studien und Ärzte den Einsatz von Placebos, vor allem zur unterstützenden Behandlung von chronischen Schmerzen, befürworten.

Inhaltsverzeichnis

1. Einleitung

In den vergangenen Jahrzehnten hat sich bereits sehr viel im Bereich der Medizin getan. Speziell in der medikamentösen Behandlung ist der Fortschritt unaufhaltsam. (vgl. Wudy, 2015, S.10f.)

Zusätzlich liegt das Interesse vermehrt in der Behandlung durch alternative Heilmethoden, wie zum Beispiel mittels sogenannten Placebos. (vgl. Gysling, 1992)

Aufgrund der zunehmenden Aktualität des Themas und meinem dadurch geweckten Interesse werde ich in dieser Arbeit genauer auf den Begriff des Placebo-Effekts eingehen.

Die Literatur, auf die sich diese Arbeit bezieht, basiert weitgehend auf dem Buch „Du bist das Placebo, Bewusstsein wird Materie", von Dr. Joe Dispenza, 2014. Dr. Joe Dispenza beschreibt in seinem Werk einerseits seine persönlichen Erfahrungen, sowie auch solide wissenschaftliche Belege des Placebo-Effekts.

Weiteres stützt sich die Arbeit auf einen umfangreichen Artikel von dem Autor Thure von Uexküll „Das Placebo-Phänomen", 1994. Dieser handelt von dem geschichtlichen Verlauf des Placebos bis in die 90iger-Jahre, sowie zahlreiche Fallbeispiele werden dazu genannt.

Neben diesen beiden Hauptwerken wird noch auf etliche andere medizinische Studien eingegangen, welche im Hauptteil genauer erläutert werden.

In der Arbeit soll dargelegt werden, in welcher Art und Weise der Placebo-Effekt auf den menschlichen Körper wirkt und welchen Stellenwert der Effekt in der Medizin hat. Zusätzlich werden mögliche Beweise für eine tatsächliche Wirkung im Zusammenhang mit klinischen Studien aufgezeigt, sowie auch Gegenargumente der Kritiker. Die verwendete Methode ist eine reine Literaturrecherche.

Die vorliegende Arbeit gliedert sich in sechs große Kapitel: Im ersten Kapitel werden Definitionen und geschichtliche Hintergründe erklärt. Danach wird die Wirkweise von Placebos sowohl im Gehirn als auch im menschlichen Körper genauer beschrieben. Anschließend werden einige wichtige und aktuelle Studien aufgezeigt. Zum Schluss folgt eine Diskussion zum Einsatz von Placebos in der Medizin.

2. Allgemeines

In folgendem Kapitel wird zunächst die Thematik des Placebo-Effekts anhand eines kurzen Beispiels erläutert. Anschließend werden Definition und Geschichte genau betrachtet.

2.1 Einführung

Stellen Sie sich vor, jemand weist bestimmte Symptome auf und geht daher zu einem Arzt seines Vertrauens. Der Patient erhält aufgrund seiner objektiven Befunde eine bestimmte Krankheitsdiagnose und gleichzeitig nennt ihm der Arzt die notwendigen Behandlungsoptionen. Angenommen der Arzt diagnostiziert Krebs. Sobald die Person dieses Wort hört, verbindet sie damit vergangene Erfahrungen in Form von Gedanken, Bildern und Emotionen wie zum Beispiel: das Auftreten der Krankheit bei einem Familienmitglied, etwas über die Krankheit Gelesenes, im Internet oder ein Film in dem einer der Filmcharaktere an dieser Krankheit starb. Da der Patient dem selbstsicheren und überzeugten Arzt bezüglich dieser Diagnose glaubt, empfindet dieser Angst. Gleichzeitig akzeptiert er automatisch die Krankheit und lässt sich auf die Behandlung ein und dies ohne einer echten Analyse. Nimmt diese Person die Emotionen der Sorge, der Traurigkeit und der Angst an, kann sie nur noch an Gedanken denken, die diesen Emotionen entsprechen. (vgl. Dispenza, 2014, S. 85)

Auch wenn der Betroffene versucht positiv darüber zu denken, zum Beispiel wie er die Krankheit besiegen könnte, fühlt sich sein Körper nach wie vor schlecht.
Ihm wurde somit das „falsche" Placebo verabreicht, welches wiederum einen falschen Seinszustand hervorruft und die Person dadurch unfähig macht, neue Möglichkeiten wahrzunehmen. Hinsichtlich der Diagnose ist der Patient seiner Überzeugung und vor allem den Überzeugungen des Arztes ausgeliefert. (vgl. Dispenza, 2014, S. 85)

Dieses sehr drastische Beispiel zeigt wie Menschen alleine aufgrund von Erfahrungen, Erwartungen oder Assoziationen reagieren, und wie sehr unsere Gesundheit davon abhängig sein kann – im positiven wie im negativen Sinne.

Placebos spielen hier eine ganz wesentliche Rolle: Sie sollen bekanntlich die Gedanken und in weiterer Folge einen Heilungseffekt ganz unbewusst beeinflussen können. Zunächst wird unter *2.2. Definition* der Begriff des „Placebo" genauer erläutert:

2.2 Definition

Das Wort „Placebo"(aus dem Lateinischen übersetzt „ich werde gefallen") beschreibt die positive Auswirkung auf den Menschen, hervorgerufen durch eine Scheinbehandlung, zum Beispiel in Form einer Tablette (die nur Stärke oder andere inerte Füllstoffe enthält), oder echter Medikamente, die in einer stark verminderten Dosis gegeben werden. Im engeren Sinn spricht man somit von einem Heilungseffekt, der möglicherweise durch Gabe eines Scheinarzneimittels oder Durchführung von Scheinoperationen (auch Schein-Akupunktur etc.) eintritt. Hierbei spricht man vom sogenannten Placebo-Effekt. (vgl. Breidert & Hofbauer, 2009, S. 751)

Im Gegensatz zum Placebo, vom dem man sich eine positive Auswirkung erhofft, gibt es auch den Nocebo (lateinisch für „ich werde schaden"). Damit wird eine wirkungslose Substanz bezeichnet, die schädliche Auswirkungen hat, einfach weil man es glaubt oder erwartet. Diesen Nocebo-Effekt kann man zum Beispiel in Arzneimitteltests beobachten. Obwohl die Probanden zwar ein Placebo zu sich genommen haben, entwickeln einige davon trotzdem bestimmte Nebenwirkungen, weil sie beim Gedanken an das Medikament auch an die ganzen potenziellen Nebenwirkungen denken. (vgl. Dispenza, 2014, S. 28)

2.3 Geschichte

Bereits 427 – 377 vor Christus bediente sich der griechische Philosoph Platon alternativer Heilmethoden, welche mit dem heutigen Placebo-Effekt vergleichbar sind. Er erkannte, dass Patienten durch die bloße Überzeugung von Worten geheilt werden konnten. Demnach hat sich vor allem das positive Zureden auf kranke Personen bewährt, die, nachdem sie selbst der Überzeugung waren geheilt zu werden, tatsächlich wieder gesund wurden. (vgl. Kowalewski, 2010) Besonders erfolgreich war auch der französische Apotheker Emile Coue (1857-1926). Er eröffnete 1910 eine Klinik, in der als einzige Behandlungsmethode eine simple Vorschrift angewendet wurde: Jeder Patient musste sich alle paar Stunden versichern: „Es geht mir von Tag zu Tag besser!" Die Erfolge waren so eindrucksvoll, dass die Klinik sich vor dem Zustrom der Patienten aus allen Ländern der Welt kaum retten konnte. (vgl. Uexküll, 1994, S. 56)

Auch im Zweiten Weltkrieg (1939 – 1945) erkannte man schnell das Potential von Placebos. Henry Beecher, der zur damaligen Zeit als Militärarzt der U.S. Army diente, war gezwungen eine Alternative zur herkömmlichen Arzneigabe zu finden. Konkret wurde den verwundeten Soldaten Morphium gegen die Schmerzen verabreicht. Da dieses jedoch bald aufgebraucht war, injizierte er seinen Patienten eine einfache Kochsalzlösung. Zu seiner Überraschung ging es den Soldaten, welche im Glauben waren, Morphium erhalten zu haben, tatsächlich besser. (vgl. Perry, 2012)

Die Ära einer wissenschaftlichen Erforschung des Placebo-Effekts begann mit der Entwicklung des sogenannten Doppelblindversuchs (auch bekannt als Doppelblindstudie) zur Prüfung von Arzneimittel-Wirkungen. Bei diesem Verfahren weiß weder der Arzt, der das Mittel verschreibt, noch der Patient, der das Mittel empfängt, ob es die Substanz enthält, deren Wirkung getestet werden soll, oder ob es sich um einen neutralen Stoff wie Stärke oder Zucker handelt. Die erwünschten oder unerwünschten Wirkungen der Substanz können dann durch den Vergleich zwischen zwei Gruppen statistisch errechnet werden, von denen die eine die zu testende Substanz, die andere das Placebo erhalten hat.(vgl. Dispenza, 2014, S. 9)

Die ersten Veröffentlichungen über Ergebnisse von Doppelblindversuchen lösten eine Flut von Untersuchungen aus. Allein zwischen 1976 und 1978 erschienen mehr als 1500 Arbeiten über Placebo und Placebo-Effekte. Man untersuchte Z.B. den Einfluss der Größe, der Farbe, der Form oder des Geschmacks von Tabletten auf den Placebo-Effekt. Interessanter waren dann Untersuchungen, die ergaben, dass der Preis, der Name und vor allem die Neuheit den Effekt eines Mittels steigern können, besonders, wenn ein entsprechendes Echo in der Öffentlichkeit besteht. Aufschlussreich waren auch Beobachtungen, dass Injektionen wirksamer waren als die Gabe des Medikaments in Tabletten- oder Pulverform und vor allem, dass die Anwesenheit einer Krankenschwester oder eines Arztes den Placebo-Effekt zu steigern vermögen. (vgl. Uexküll, 1994, S. 57)

Dies war sich auch der Orthopäde Bruce Moseley, einer von Houstons führenden Spezialisten für orthopädische Sportmedizin, bewusst. 1996 publiziert er eine klinische Fallstudie mit zehn freiwilligen Probanden. Die Teilnehmer waren ausschließlich Männer, die beim Militär dienten und an einer Knie-Arthrose litten. Aufgrund ihrer schweren Erkrankung konnten sie sich nicht normal fortbewegen, gingen am Stock und hatten große Schmerzen. Im Rahmen von Dr. Moseleys Studie wurde an zwei der zehn Männer eine Standardoperation ausgeführt, drei Versuchsteilnehmer erhielten eine Spülung des Kniegelenks und an fünf Männern wurde eine Scheinoperation durchgeführt. Dabei wurde die Haut der Probanden mit einem Skalpell aufgeschnitten und dann einfach wieder zugenäht, ohne einen medizinischen Eingriff durchgeführt zu haben. (vgl. Dispenza, 2014, S. 20)

Laut eigenen Aussagen waren alle zehn Patienten nach den Operationen mobiler und hatten weniger Schmerzen. Selbst sechs Monate nach der OP ging es den Männern, die scheinoperiert wurden genauso gut, wie den Patienten die eine Wundausschneidung oder eine Spülung erhielten. Sogar sechs Jahre später behaupteten zwei der Männer, an denen die Placebo-Operation ausgeführt worden war, sie hätten keinerlei Schmerzen und könnten nach wie vor ganz normal laufen und all die alltäglichen Dinge tun, die sie vor der Operation sechs Jahre zuvor, nicht mehr tun konnten. (vgl. Dispenza, 2014, S. 21)

„*Ging es diesen Patienten womöglich einfach deshalb besser, weil sie dem Können des Chirurgen, dem Krankenhaus und auch dem glänzenden, modernen Operationssaal vertrauten und fest daran glaubten? Stellten sie sich vielleicht ein Leben mit einem vollkommen gesunden Knie vor, ließen sich auf dieses potenzielle Resultat ein und liefen dann buchstäblich genau in dieses Potenzial hinein? War Dr. Moseley eigentlich nichts weiter als ein moderner Medizinmann in einem weißen Laborkittel?*“ (Dispenza, 2014, S. 21)*

Um mögliche Antworten auf diese Fragen zu finden, werden in den folgenden zwei Kapiteln *3. Der Placebo-Effekt im Gehirn* und *4. Der Placebo-Effekt im Körper* näher betrachtet:

3. Der Placebo-Effekt im Gehirn

Anscheinend kann unser Körper auf ein „neues Ich" reagieren, wenn wir unseren Seinszustand wahrhaftig verändern. Das Vorderhirn befähigt uns Menschen, unsere Gedanken realer zu machen als alles andere und genauso funktioniert das Placebo. Deswegen müssen wir zunächst unser Denken verändern um den gewollten Seinszustand zu erlangen. Dabei spielen drei Elemente eine große Rolle, um zu verstehen wie dieser Prozess tatsächlich abläuft: Konditionierung, Erwartung und Bedeutung. Diese drei Konzepte sind ausschlaggebend für eine Placebo-Reaktion. (vgl. Dispenza, 2014, S. 35)

3.1 Konditionierung

Von Konditionierung spricht man wenn eine Erinnerung aus der Vergangenheit mit einer physiologischen Veränderung assoziiert wird. Ein passendes Beispiel wäre die Einnahme von einer Aspirin-Tablette gegen Kopfschmerzen. Die Erinnerung aus der Vergangenheit wäre die Tablette, mit welcher man die physiologische Veränderung, also keine Kopfschmerzen mehr zu haben, assoziiert, weil man diese Erfahrung schon oft gemacht hat. Leidet man also in Zukunft noch einmal unter Kopfschmerzen nimmt der Körper eine innere physiologische Veränderung, also die Schmerzen, wahr und automatisch sucht dieser eine geeignete Lösung von außen (die Tablette) um innerlich etwas zu verändern. Diese Schmerzen veranlassen dazu, darüber nachzudenken was sich in der Vergangenheit als hilfreich erwies, um dieses Empfinden zu verändern (in diesem Fall das Aspirin). Die Erfahrung, dass Aspirin die Kopfschmerzen lindert, wird in unserem Gehirn gespeichert und es entsteht eine sogenannte assoziative Erinnerung. Diese Assoziation kann unter Umständen so verstärkt werden, dass man die Aspirin-Tablette auch einfach durch eine genauso aussehende Zuckerpille ersetzen kann und trotzdem eine Linderung der Kopfschmerzen wahrnimmt, da diese automatisch zu einer inneren Reaktion führt. (vgl. Dispenza, 2014, S. 35)

3.2 Erwartung

Die Erwartungshaltung einer Person entscheidet ebenfalls über die Wirksamkeit eines Placebos. Beispiel: Man assoziiert ein Medikament mit einem Ergebnis, z.B. Schmerzen zu lindern. Je nach Suggestibilität[1] bewirken bloß die eigenen Emotionen eine Aktivierung von Nervenbahnen und diese wiederum eine Ausschüttung chemischer Verbindungen im Körper. Es ist also möglich, dass bei höchster Erwartung in ein neues Ergebnis, Gehirn und Körper nicht mehr zwischen der reinen Vorstellung und dem tatsächlichen Eintreten unterscheiden können. Somit sind Gehirn und Körper in der Lage, ein körpereigenes „Medikament" zu erstellen, welches tatsächlich unsere innere Befindlichkeit verändern kann. (vgl. Dispenza, 2014, S. 35)

3.3 Bedeutung

Die Bedeutung ist das dritte Element, welches eine entscheidende Rolle beim Placebo-Effekt spielt. Desto mehr Bedeutung und vor allem Glaube in eine Wirkung einer bestimmten Substanz, Prozedur oder Operation gesteckt wird, weil man über die damit verbundenen Vorteile und positiven Wirkungen Bescheid weiß, desto wahrscheinlicher ist es auf den Gedanken an eine gesundheitliche Besserung zu reagieren und tatsächlich gesund zu werden.

> *„Anders ausgedrückt: Je mehr Bedeutung man einer potenziellen Erfahrung mit einer Person, einem Ort oder einer Sache im Außen verleiht, um eine Veränderung im Inneren zu bewirken, desto größer ist die Wahrscheinlichkeit einer erfolgreichen, willentlich herbeigeführten Änderung der inneren Befindlichkeit nur durch Gedanken."* (Dispenza, 2014, S. 35)

Um den Placebo-Effekt genauer zu verstehen, werden im nächsten Kapitel die Funktionsweise des Gehirns und dessen neuronales Netzwerk genauer beschrieben:

---

[1] Beeinflussbarkeit

3.4 Funktionsweise des Gehirns

Bekannt ist, dass Nervenzellen (Neurone, von griechisch νεῦρον *neûron*) miteinander kommunizieren, indem sie Informationen (oder Erregungen) über den sogenannten synaptischen Spalt schicken (siehe Abbildung 1). Dies geschieht mittels Neurotransmittern, wie zum Beispiel Serotonin, Dopamin und Acetylcholin. Beim Lernprozess (bloße Gedanken, Erfahrungen, etc.) sind wir in der Lage, verstärkt Neurotransmitter freizusetzen und somit immer mehr neue Neuronen miteinander zu verknüpfen. Man bezeichnet diese Verknüpfungen als synaptische Verbindungen. Wenn wir uns an etwas erinnern, ruft unser Körper genau diese Verbindungen ab. Werden bestimmte Verbindungen öfter gebraucht, werden diese sogar verstärkt. Was folgt ist die Produktion eines Proteins (Eiweiß) in der Nervenzelle. Das Protein wiederum gelangt in das Zentrum der Zelle, in den Zellkern, wo die DNA gespeichert ist. Dort kann das Protein weitere Gene aktivieren. Ein Gen beschreibt die Produktion von Proteinen, welche die Körperstruktur und Körperfunktion aufrechterhalten.

Vereinfacht gesagt lässt sich sagen, dass es eine neurologische, chemische und genetische Verbindung gibt zwischen Gedanken und Auswirkungen auf den Körper. (vgl. Dispenza, 2014, S. 39)

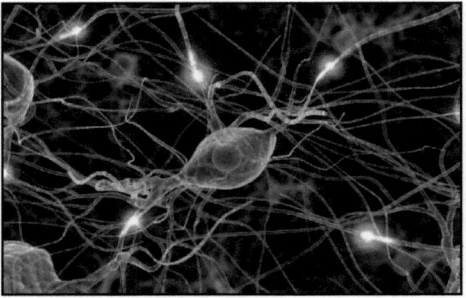

Abbildung 1: *Neurone übertragen Reize mithilfe von Neurotransmitter über den synaptischen Spalt (Shutterstock, 2016)*

4. Der Placebo-Effekt im Körper

In diesem Kapitel wird die Wirkweise der Gene und Proteine in unserem Körper genauer betrachtet, zusätzlich wird ein Einblick in die Epigenetik gegeben.

4.1 Gene und Proteine

Wie bereits im Kapitel *3.4. Funktionsweise des Gehirns* erwähnt, sind Gene verantwortlich für die Struktur und Funktionsweise des Körpers.

Durch bestimmte Reize wie zum Beispiel neue Erfahrungen, das Erlernen neuer Informationen oder Heilung, werden erfahrungs- oder aktivitätsabhängige Gene aktiviert und weiteres die Proteinsynthese angeregt. Dies ist deshalb von essentieller Bedeutung, da Proteine unter anderem unser Immunsystem steuern, Nahrung verdauen, Wunden heilen und vieles mehr. (vgl. Dispenza, 2014, S. 49)

> *„Ernest Rossi, Ph.D., schreibt in „The Psychobiology of Gene Expression": Unsere subjektiven mentalen bzw. psychischen Zustände, unsere bewusst motivierten Verhaltensweisen auf unsere Wahrnehmung des freien Willens können die Genexpression[2] so anpassen, dass dadurch die Gesundheit optimiert wird."* (Dispenza, 2014, S. 51)

Durch ein geändertes Verhalten oder eine neuartige Erfahrung kann ein Gen seine Expression in Minutenschnelle verändern, davon gehen neueste wissenschaftliche Denkansätze aus. Diese Veränderung kann dann auch an die nächste Generation weitergegeben werden. (vgl. Dispenza, 2014, S. 51)

Doch wie werden Gene jetzt eigentlich aktiviert und dazu gebracht, was man damit erreichen möchte? Dr. Joe Dispenza ist auf diese Frage in seinem Buch auf Seite 52 sehr gut und vor allem leicht verständlich eingegangen und deswegen hier sein folgendes Zitat dazu:

„Wenn ein chemischer Botenstoff von außerhalb der Zelle in der Dockingstation der Zelle „einrastet", gelangt die Botschaft durch die Zellmembran in die Zelle, begibt sich zum Zellkern und trifft dort auf die DNA. Der chemische Botenstoff modifiziert dabei ein vorhandenes oder erzeugt ein neues Protein. Damit wird das Signal in Information „übersetzt", die sich jetzt innerhalb der Zelle befindet. Das dabei neu gebildete Protein schlüpft durch ein kleines Fenster in den Zellkern und hält dort seiner Botschaft entsprechend nach einem bestimmten Chromosom

---

[2] Bildung eines Genprodukts

Ausschau – so wie man in der Bücherei nach einem bestimmten Buch im Regal sucht." (Dispenza, 2014, S. 52)

Ist dieses Gen also nun aktiviert, ist es ebenfalls noch von großer Bedeutung wie man auf das Potenzial, welches sich enorm auf unsere Gesundheit und unser Wohlbefinden auswirkt, zugreifen kann. Darauf wird im Kapitel *4.2 Epigenetik* genauer eingegangen.

4.2 Epigenetik

Zuerst wird in diesem Kapitel Allgemeines über die Epigenetik wiedergegeben und danach anhand eines Beispiels veranschaulicht.

4.2.1. Allgemeines

Die Epigenetik bezieht sich auf die Steuerung der Gene durch Signale aus der Umwelt, welche eine Methylgruppe dazu bringt, sich an eine bestimmte Stelle auf einem Gen anzuheften. Dieser Prozess zählt als einer der wichtigsten Prozesse zur Ein- und Ausschaltung von Genen. (vgl. Dispenza, 2014, S. 56)
Wörtlich bedeutet das Wort Epigenetik „über den Genen" (von griechisch „epi" = über), dies kommt davon weil es nicht die Nukleotidsequenz des DNA-Strangs betrifft, sondern es spielt sich „oberhalb" von ihr ab. So können Zellen steuern wann und in welchen Mengen sie ein bestimmtes Protein produzieren. (vgl. Spektrum.de, 2015)

Außerdem lehrt uns die Epigenetik, dass eine Bewusstseinsveränderung bei uns Menschen zu strukturellen und funktionalen Veränderungen des Körpers führen kann. Sogar unser genetisches Schicksal kann verändert werden, wenn wir die erwünschten Gene ein- und die unerwünschten Gene ausschalten. Um dies zu erreichen müssen wir mit den verschiedenen Umgebungsfaktoren arbeiten, die unseren Genen Signalen schicken, wobei mancher dieser Signale aus unserem Körper (Gefühle, Gedanken) kommen, andere wiederum aus den Reaktionen des Körpers auf die äußere Umwelt (z.B. Verschmutzung oder Sonnenlicht).
Ein großartiges Beispiel, wie die Epigenetik am Werk ist, wären eineiige Zwillinge, die genau dieselbe DNA haben. Wenn man nämlich von der Vorstellung der

genetischen Vorherbestimmung ausgeht, welche besagt dass alle Krankheiten auf genetischen Ursprung zurück zu führen sind, dann müssten eineiige Zwillinge genau dieselbe Genexpression haben. Trotzdem manifestieren sie nicht immer dieselben Krankheiten auf dieselbe Weise. So ist es möglich, dass einer der Zwillinge eine genetische Krankheit hat, die der andere überhaupt nicht aufweist. Daraus kann man schließen, dass Zwillinge zwar dieselben Gene haben, aber die Ergebnisse können unterschiedlich sein. Dies ist auch auf den unterschiedlichen Lebensstil der beiden Zwillinge zurückzuführen, welcher die Genexpression bedeutend verändert. (vgl. Dispenza, 2014, S. 56)

4.2.2. Beispiel Stress

Auch Stress ist ein Einfluss aus der Umwelt, der unsere Genexpression entscheidend verändert und vor allem Dauerstress kann alle möglichen gesundheitlichen Störungen wie, Depressionen, Verdauungsprobleme, Herzkrankheiten, Krebs und noch viele mehr, auslösen. Stress zählt zu den wichtigsten Ursachen genetischer Veränderung, da er den Körper aus dem Gleichgewicht bringt und gleichzeitig kann Stress über 1400 chemische Reaktionen in Gang setzen und über 30 Hormone und Neurotransmitter produzieren. (vgl. Dispenza, 2014, S. 57)

Der Mensch ist darauf programmiert mit kurzzeitigem Stress umzugehen, denn Stressgefühle sollen eigentlich dafür sorgen die Anpassungsfähigkeit zu erhöhen, damit der Mensch in Gefahrensituationen und Notfällen dementsprechend reagieren kann. Dabei aktiviert er eine sogenannte Kampf-oder-Flucht-Reaktion des sympathischen Nervensystems. Wie der Name schon verrät, bereiten wir uns dabei entweder auf den Kampf gegen den Gegner oder auf die Flucht vor, indem der Körper Hormone wie Adrenalin und Kortisol produziert, die Herzfrequenz erhöht, den Blutdruck steigen lässt und die Muskeln spannen sich an. Ist man dann wieder außer Gefahr, kehrt der Körper wieder in die Homöostase, also seinen normalen Gleichgewichtszustand, zurück. Diese Kampf-oder-Flucht-Reaktion ist aber nur für kurze Zeit vorgesehen. Kehrt der Körper also nicht in die Homöostase zurück, weil auch weiterhin eine Bedrohung wahrgenommen wird, (heutzutage vergleichbar mit einem stressigen Alltag mit unzähligen

Stresssituationen) geht dem System lebenswichtige Energie verloren. Man verfügt dadurch über weniger Energie für das Zellwachstum und die Zellreparatur, für langfristige Aufbauprojekte auf Zellebene und vor allem für die Heilung. Die Zellgemeinschaft zerbricht, weil die Zellen nicht mehr miteinander kommunizieren, dies schwächt wiederum auch das Immun- und Hormonsystem. (vgl. Dispenza, 2014, S. 57)

Wie dieses Beispiel zeigt, können also innerhalb von wenigen Augenblicken durch Stress physische Veränderungen im Körper hervorgerufen werden. Es können jedoch auch positive Auswirkungen damit bezweckt werden. Dies verdeutlicht eine Studie von Forschern des Benson-Henry Institute for Mind Body Medicine am Massachusetts General Hospital in Boston welche die Stressreduktion durch positive Emotionen, wodurch gleichzeitig gesundheitsfördernde epigenetische Veränderungen ausgelöst werden, untersuchten:
Im Jahr 2008 ließen sich 20 Freiwillige, acht Wochen lang, in mehreren Arten von Meditation, Yoga und wiederholtes Beten unterrichten, welche eine Entspannungsreaktion auslösen und den Körper in einen physiologischen Zustand tiefster Ruhe bringen. Man konnte bei allen Probanden eine Veränderung an 1561 Genen nachweisen, davon wurden 874 Gene aktiviert, die etwas mit der Gesundheit zu tun haben, waren hochreguliert, 687 die mit Stress zu tun haben wurden dabei herunterreguliert. Außerdem konnte man eine Senkung des Blutdrucks, der Herz- und Atmungsfrequenz feststellen. Durch diese genetischen Veränderungen wurde unter anderem auch die Reaktion des Körpers auf chronischen psychologischen Stress verbessert. (vgl. Dispenza, 2014, S. 58 f.)

5. Studien und Fallbeispiele

Grundsätzlich werden Placebos in Studien über Arzneimittel als Kontrollgruppe für „unwirksame Stoffe" verwendet, und sind somit Bestandteil in deren klinischen Prüfung[3]. (vgl. Breidert & Hofbauer, 2009, S. 751) Darüber hinaus gibt es zahlreiche wissenschaftliche Studien über Placebos selbst. In diesem Kapitel werden nun einige Studien und Fallbeispiele zu verschiedensten Themen rund um Placebos und ihre Wirkweise vorgestellt.

5.1 Placebo-Tabletten und äußere Faktoren

Bei dieser Studie wurde der Zusammenhang zwischen dem angeblichen Preis einer Tablette und ihrem Placebo-Effekt ermittelt. Dabei wurden 82 Probanden zu einem angeblichen Test eines neuen Schmerzmittels eingeladen. Der einen Hälfte wurde gesagt, eine Tablette habe $2,50 gekostet, und den anderen wurde eine Tablette im Wert von $0,10 verabreicht. Die Tabletten hatten in Wirklichkeit aber keinen Wirkstoff. Danach wurden Elektroschocks, einmal vor Einnahme und einmal nach Einnahme, verabreicht, um die Wirksamkeit des Schmerzmittels zu testen. Dabei sollten die Probanden den Schmerz auf einer Skala von 0-100 definieren.

89 % der Teilnehmer, die die angeblich teurere Tablette zu sich nahmen, hatten bei dem Durchlauf nach Einnahme der Tablette, weniger Schmerzen. Bei der anderen Hälfte der Probanden, die die billigere Tablette erhalten hatten, konnte man nur eine Verbesserung von 61 % feststellen. Dieser statistisch signifikante Unterschied zeigt, dass der (geglaubte) Preis einen Einfluss auf den Effekt einer Placebo-Tablette hat. (vgl. Waber, Shiv, & Carmon, 2006)

---

[3] Klinische Prüfung bezeichnet Schritte zur Zulassung eines Arzneimittels

Zusammenhang zwischen der Farbe und der Anzahl von Placebo-Tabletten:
Eine Gruppe von Medizinstudenten erhielt eine oder zwei rote oder blaue Tabletten, welche keinen Wirkstoff hatten. Nach der Einnahme mussten die Teilnehmer einen Fragebogen über die Wirkung der Tabletten ausfüllen. Nach den Auswertungen der Fragebögen geht hervor, dass die blauen Tabletten eine beruhigende Wirkung hatten, wobei die Roten anregend gewesen sein sollen. Außerdem wurde angegeben, dass zwei Tabletten eine größere gefühlte Wirkung haben sollen, als nur eine. Daraus schließt man, dass es einen Zusammenhang zwischen den Farben und der Anzahl der Tabletten mit ihrem Placebo-Effekt gibt. (vgl. Moerman & Jonas, 2002)

Zusammenhang zwischen Markennamen und dem Placebo-Effekt:
In dieser Studie wurden 835 Frauen mit Kopfschmerzen in vier verschiedene Gruppen eingeteilt: Die Patientinnen der Gruppe eins bekamen echtes Aspirin von einem namhaften Hersteller. Die Probanden von Gruppe zwei bekamen das gleiche (echte) Aspirin, jedoch war der Markenname entfernt worden, so dass es aussah wie ein Noname-Aspirin. Gruppe drei bekam ein Placebo wiederum mit dem Markennamen eines bekannten Herstellers. Gruppe vier hingegen bekam ein Noname-Placebo. Es stellte sich heraus, dass das Medikament bei Gruppe eins besser als bei Gruppe zwei wirkte. Bei Gruppe zwei wiederum, wirkte es besser als bei Gruppe drei, und bei Gruppe drei wirkte es besser als bei Gruppe vier.
Daraus lässt sich schließen, dass es bei Gruppe drei (Placebo mit Markenname) bei 64% der Probanden eine Besserung gab, während es bei Gruppe vier (Placebo ohne Markenname) nur bei 45% der Probanden zu einer Besserung kam.
Folglich lässt sich schließen, dass der (angebliche) Markenname einen deutlichen Einfluss auf die Wirksamkeit eines Medikamentes hat. (vgl. Moerman & Jonas, 2002)

5.2 Placebos bei langfristigen Erkrankungen

Placebos gegen Parkinson:

Bei Patienten, die von dieser Krankheit betroffen sind, produziert das Gehirn nicht genug Dopamin (eine Art Hormon, welches Signale zwischen Neuronen weiterleitet und so für die Steuerung sowohl körperlicher als auch geistiger Bewegungen sorgt).

Die Parkinson-Erkrankung wird derzeit als unheilbar angesehen.

Forscher einer klinischen Studie der University of British Columbia in Vancouver teilten einer Gruppe, die unter Parkinson litten mit, dass sie ein Medikament erhalten welches die Symptome lindern soll. Die Probanden erhielten aber lediglich eine Salzlösung – also ein Placebo. Bei den Auswertungen der Ergebnisse stellte sich heraus, dass sich bei der Hälfte der behandelten Patienten die Motorik deutlich verbesserte. Die Gehirne wurden untersucht und man stellte fest, dass bei den Probanden, die positiv auf das Placebo ansprachen, tatsächlich mehr Dopamin im Gehirn ausgeschüttet worden war. Sogar bis zu 200% konnte mehr Dopamin produziert werden als vorher. (vgl. Dispenza, 2014, S. 22 f.)

Placebos bei chronischen Rückenschmerzen:

In dieser aktuellen Studie von 2016 wurden Patienten, die unter chronischen Rückenschmerzen litten, aufgeklärt, dass sie zusätzlich zu ihrer normalen Schmerztherapie, Placebos verabreicht bekamen. Obwohl ihnen bewusst war, dass es sich um Placebos handelte, konnte eine bemerkenswerte Verbesserung der Schmerzen bis hin zur verbesserten Beweglichkeit verzeichnet werden. Der somit durch die Placebos zusätzliche schmerzlindernde Effekt betrug ca. 30%. (vgl. Carvalho, et al., 2016, S. 5)

5.3 Gegenüberstellungen

Gegenüberstellung von Placebo und Verum[4]:
Einer Patientengruppe wurden Tabletten gegen Kopfschmerzen verabreicht. Dabei wurden diese unterteilt als „Placebos" und als „Maxalt" (Medikament zur Behandlung von Migräne). Was die Patienten nicht wussten: Bei den als Placebo-deklarierten Tabletten befanden sich auch „echte" Maxalt-Präparate; unter den Maxalt-Tabletten waren wiederum Placebos untergemischt.

Die Patienten, welche bewusst die Placebo-deklarierten Tabletten zu sich nahmen, gaben keine bis sehr wenig Schmerzlinderung an. Die Probanden hingegen die die als „Maxalt" gekennzeichneten Tabletten nahmen, konnten eine vermehrte Schmerzlinderung erfahren, obwohl teilweise Placebos dabei waren. Es lässt sich somit sagen, dass alleine die Bezeichnung eines bekannten Schmerzmedikaments die Erwartung des Patienten beeinflusst, und dieser somit einen Behandlungserfolg erfährt. (vgl. Kaptchuk, et al., 2014, S. 218)

Gegenüberstellung von Placebos in Tablettenform und Schein-Akupunktur:
270 Patienten mit chronischen Schmerzen im Armbereich wurden dieser Studie unterzogen. Dabei bekamen sie entweder Placebos in Form von Tabletten, oder eine Schein-Akupunktur verabreicht. Bei der Schein-Akupunktur wurde statt einer speziellen Akupunktur-Nadel eine stumpfe verwendet, welche die Haut nicht durchstach. Die Probanden nahmen diese jedoch als echten Stich wahr. Es zeigte sich bei den Patienten, die mit der Schein-Akupunktur behandelt wurden, eine bessere Schmerzlinderung, als bei jenen, die bloß die Placebo-Tabletten verabreicht bekamen. (vgl. Kaptchuk, et al., 2006, S. 391)

---

[4] Verum bezeichnet ein Arzneimittel mit tatsächlichem Wirkstoff

Nocebo-Effekte bei Placebo-Behandlung:

In der Studie *Gegenüberstellung von Placebos in Tablettenform und Schein-Akupunktur* traten zusätzlich zur Schmerzlinderung im Armbereich ebenfalls unerwünschte Nocebo-Effekte auf. Die Effekte waren dabei zwischen den Patientengruppen (Schein-Akupunktur und Placebo-Tabletten) unterschiedlich. Nach den ersten zwei Wochen der Behandlung entwickelten manche Patienten der Akupunktur-Gruppe Schmerzen (25%), Schwellungen und Rötungen (3%), einige der Patienten der anderen Gruppe litten unter Schwindel (20%), Mundtrockenheit (19%), Ruhelosigkeit (7%), Verwirrtheit (5%), Appetitlosigkeit (4%), Alpträume (3%), Schnupfen (3%), vermehrtes Harnlassen (2%) und Ausschläge (2%). (vgl. Kaptchuk, et al., 2006, S. 396)

Placebo in Form einer Scheinoperation:

In den 1950er-Jahren führten zwei Forschergruppen, eine in Kansas City und eine in Seattle, Studien zum Vergleich der damals praktizierten Methode einer Herzoperation, mit einer Placebo-Operation durch. Bei den damaligen Operationen wurden die geschädigten Arterien freigelegt und danach abgebunden. Man war der Meinung, dass ein blockierter Blutfluss den Körper dazu veranlassen würde neue Blutgefäße zu bilden und dadurch den Blutfluss zum Herz zu verbessern. Die Forschergruppen teilten die Probanden in zwei Gruppen ein, wobei eine Gruppe eine standardgemäße Operation und die andere eine Scheinoperation erhielt. Bei den Scheinoperationen wurden den Patienten genau dieselben Einschnitte in der Brust, wie bei der echten Operation zugefügt, doch diese wurden ohne weiterer Behandlung einfach wieder zugenäht.

67% der tatsächlich operierten Probanden konnten eine Linderung der Schmerzen wahrnehmen und benötigten auch weniger Medikamente. Erstaunlich ist aber, dass 83% die eine Scheinoperation erhielten, ebenso keine Schmerzen mehr hatten.

Die Placebo-OP war also erfolgreicher als die wirkliche Herzoperation.

(vgl. Dispenza, 2014, S. 21)

6. Schluss

Im Schlusskapitel werden die wichtigsten Inhaltspunkte noch einmal durch eine kurze Zusammenfassung wiedergegeben. Als Abschluss wird der Einsatz des Placebos im klinischen Alltag genauer diskutiert.

6.1. Zusammenfassung

Das Ziel dieser Arbeit war eine reine Literaturrecherche zum Thema „Der Placebo-Effekt und seine Auswirkungen auf die Gesundheit des Menschen". In den ersten Kapiteln wurden sowohl die Begriffe des Placebo, sowie des Nocebo, definiert, als auch seine geschichtlichen Anfänge. Die Wirkweise von Placebos im Körper kann einerseits durch Neuronen, andererseits durch Gene und Proteine erklärt werden. Verschiedenste wissenswerte Studien beschreiben den Einsatz von Placebos in der Praxis bzw. in der Forschung und ihre Wirkung auf Patienten und Probanden. Zuletzt folgt eine Diskussion zum Einsatz von Placebos im klinischen Alltag.

6.2 Diskussion

Placebos lassen sich als Medikamentensurrogate definieren, die bei der Verabreichung Symptombesserungen auslösen können, welche sich nicht durch einen Wirkstoff erklären lassen. Bereits in den 1940iger-Jahren stellte Henry Knowles Beecher in ca. 15 verschiedenen Arbeiten, die den Placebo-Effekt bei unterschiedlichsten Medikamenten untersucht hatten fest, dass bei allen Patienten etwa 35 % der Wirkungen tatsächlich Placebo-Effekte waren. Bis heute liegen zahlreiche Untersuchungen und Studien über den Placebo-Effekt vor, die dem Placebo selbst eine spezifische Wirkung zuschreiben. Ein großer Teil davon beruht mit Sicherheit auch auf dem „enthusiastischen Aktivismus[5]" der behandelnden Ärzte. (vgl. Uexküll, 1994, S. 57)

Grundsätzlich unterliegt der Einsatz von Placebos in der Praxis sowie bei klinischen Studien strengen Regeln: Der Verwendung von Placebos sind nämlich

---

[5] Positives und sicheres Auftreten des Arztes gegenüber dem Patient

nicht nur ethische und rechtliche Grenzen gesetzt. Patienten müssen bewusst ihre Einwilligung zur Behandlung ihrer Beschwerden mit Placebos geben. (vgl. Enck, Zipfel, & Klosterhalfen, 2009, S. 637)

Dabei lassen sich zwei Phänomene beobachten: Einerseits beeinflusst das Wissen über eine Placebo-Gabe die Erwartungen des Patienten negativ, das heißt, sie sind von vorneherein einer möglichen positiven Wirkung abgeneigt. Andererseits gibt es Studien (vgl. Kaptchuk, et al., 2010), (vgl. Carvalho, et al., 2016), die aufzeigen, dass Probanden trotz diesen Wissens durchaus positive Veränderungen beschreiben.

Wie im Punkt 5. *Studien und Fallbeispiele* beschrieben gibt es allerdings auch unerwünschte Effekte, die von Placebos ausgelöst werden können. Die sogenannten Nocebos können durch negative Gedanken, Erwartungen und Assoziationen auftreten, und äußern sich durch verschiedenste Nebenwirkungen. (vgl. Kaptchuk, et al., 2006, S. 391)

Zusammenfassend lässt sich sagen, dass die grundsätzliche Wirkung von Placebos stark variabel ist. Zum Beispiel können Placebos bei bestimmten Indikationen wie bei Schmerzen aller Art sowie bei psychotherapeutischen Maßnahmen helfen, vor allem wenn sie zusätzlich zur „normalen" Behandlung mit wirksamen Medikamenten verwendet werden. (vgl. Breidert & Hofbauer, 2009, S. 755)

Die Forschung an weiteren Einsatzmöglichkeiten für Placebos und deren Wirksamkeit ist deshalb unbedingt notwendig.

7. Literaturverzeichnis

Breidert, M., & Hofbauer, K. (13. November 2009). Placebo: Missverständnisse und Vorurteile. *Deutsches Ärzteblatt Jg 106 Heft 46*, S. 751.

Carvalho, C., Caetano, J. M., Cunha, L., Rebouta, P., Kaptchuk, T., & Kirsch, I. (2016). Open-label placebo treatment in chronic low back pain: a randomized controlled trial. *PAIN.*

Dispenza, D. J. (2014). *Du bist das Placebo - Bewusstsein wird Materie.* Burgrain: KOHA-Verlag.

Enck, P., Zipfel, S., & Klosterhalfen, S. (Juni 2009). Der Placeboeffekt in der Medizin. *Bundesgesundheitsblatt Vol. 52 Issue 6*, S. 635-642.

Gysling, E. (28. April 1992). Alternative Heilmethoden und Placebo. *pharma-kritik 14/No. 7/8.*

Kaptchuk, T., Friedlander, E., Kelley, J., Sanchez, M., Kokkotou, E., Singer, J., Lembo, A. (Dezember 2010). Placebos without Deception: A Rrandomized Controlled Trial in Irritable Bowel Syndrome. *PLoS ONE Vol. 5 Issue 12.*

Kaptchuk, T., Kam-Hansen, S., Jakubowski, M., Kelley, J., Kirsch, I., Hoaglin, D., & Burstein, R. (8. Jänner 2014). Altered Placebo and Drug Labeling Changes the Outcome of Episodic Migraine Attacks. *Science Translation Medicine Vol 6 Issue 218*, S. 218ra5.

Kaptchuk, T., Stason, W., Davis, R., Legedza, A., Schnyer, R., Kerr, C., Goldman, R. (1. Februar 2006). Sham device versus inert pill: randomised controlled trial of two placebo treatments. *BMJ 332*, S. 391-397.

Kowalewski, S. (29. August 2010). *Placebo - Ein Nichts mit großer Wirkung.* Von Deutschlandradio Kultur: http://www.deutschlandradiokultur.de/placebo-ein-nichts-mit-grosser-wirkung.1067.de.html?dram:article_id=175643 (letzter Abruf am 5.1.2017)

Moerman, D., & Jonas, W. (2002). Deconstructing the Placebo Effect and FInding the Meaning Response.

Perry, S. (31. Mai 2012). *The Power of the Placebo*. Von BrainFacts.org: http://www.brainfacts.org/sensing-thinking-behaving/mood/articles/2012/the-power-of-the-placebo/ (letzter Abruf am 1.2.2017)

Shutterstock, K. d. (2016). *Alzheimer möglicherweise angeboren*. Von National Geographic: http://www.nationalgeographic.de/aktuelles/alzheimer-moeglicherweise-angeboren (letzter Abruf am 19.12.2016)

Spektrum.de. (2015). *Epigenetik - Wie die Umwelt unser Erbgut beeinflusst*. Von Spektrum: http://www.spektrum.de/thema/epigenetik/1191602 (letzter Abruf am 7.1.2017)

Uexküll, T. v. (1994). Das Placebo-Phänomen. *Psychosomatische Medizin*.

Waber, R., Shiv, B., & Carmon, Z. (2006). Commercial Features of Placebo and Therapeutic Efficacy.